www.tredition.de

AF196293

Thomas A. Keck

Unreim

Lyrische Miniaturen

© 2019 Thomas A. Keck
www.derkeck.de

Verlag und Druck: tredition GmbH, Hamburg

ISBN
Paperback: 978-3-7482-2768-7
Hardcover: 978-3-7482-2769-4
e-Book: 978-3-7482-2770-0

Das Werk, einschließlich seiner Teile, ist urheberrechtlich geschützt. Jede Verwertung ist ohne Zustimmung des Verlages und des Autors unzulässig. Dies gilt insbesondere für die elektronische oder sonstige Vervielfältigung, Übersetzung, Verbreitung und öffentliche Zugänglichmachung.

"Ich inseriere tatsächlich das erste Mal". Ich hoffe, ich verdiene mir dann zumindest eine nette Antwort. :-)

Im Auftrag

Den Traummann
finde sie nicht
unter Freunden
und nicht
im Büro,
lasse ihn jetzt aber
in Gottes Namen
durch einen Agenten suchen.

Huch

Sein Schatten floss
über ihre Füße.
Lange dachte sie,
er bemerke es nicht,
doch dann fühlte sie,
wie er leicht
ihre Zehen liebkoste.

Erfolg nach Umbau

Schon nach vier Stunden
im Whirlpool des
neu eröffneten
Erlebnis-Bades Donauwelle
hatte er ihr klarmachen können,
wie öde ihr Leben
bislang verlaufen war.

Garantie

Bewahren Sie
dieses rauschhafte
Gedicht gut auf!
Im Falle der Ernüchterung
gilt es als Beleg.

Hypothese

Hätte er irgendeine
tödliche Krankheit,
wäre er ihr
noch viel sympathischer.

Kontra.Punkt

In ihrer Nähe
singe seine Seele,
ob sie es nicht höre.
Sie höre nichts,
werde dies jedoch
in seiner Akte
vermerken.

Hintenherum

Auch hatte er ihr gegenüber
mit keiner Silbe erwähnt,
dass er seit seiner Geburt
eine Sprachstörung hatte.

So enden Freundschaften

Am folgenden Morgen
öffnete sie ihr Tagebuch
und gab es ihm.
Sie dachte,
er könne sie so vielleicht
besser verstehen.

Deformation

Machen Sie mal Platz,
hier kommt ein krankes Gedicht!
Sie sehen doch,
dass bei dem
die ganze Poesie
im Arsch ist.

Leider war das Z verrutscht

Es war das schönste Geschenk für sie,
in seinem Brief zu lesen,
er sehe nun ein, sie brauche
in ihrer Verfassung
dringend zärtliche Hilfe.

Beziehungsarbeit

Sie wünsche ihm
eine gute Nacht,
flüsterte sie,
als sie ihn endlich
wach genug hatte.

Hypothese 2

Hätte sie
keine tödliche Krankheit,
könnte sie ihre Persönlichkeit
gar nicht so toll entfalten.

Trügerische Hoffnung einer Ehe

Als leidenschaftlicher
Hobby-Gartengestalter
könne er ihr,
dachte sie,
bei der Verwirklichung
ihrer kühnen Ideen
irgendwie helfen.

Abwiegelung

Er könne sich Kinder nervlich
im Moment nicht leisten,
sei aber sonst
zu allen Schandtaten bereit.

Der blaue Fleck

Er dachte, es sei einfach,
das Meer zu malen.
Doch stets, wenn er die Farbe
gerade zum Rand hin ziehen wollte
war sie in der Mitte
schon wieder getrocknet.

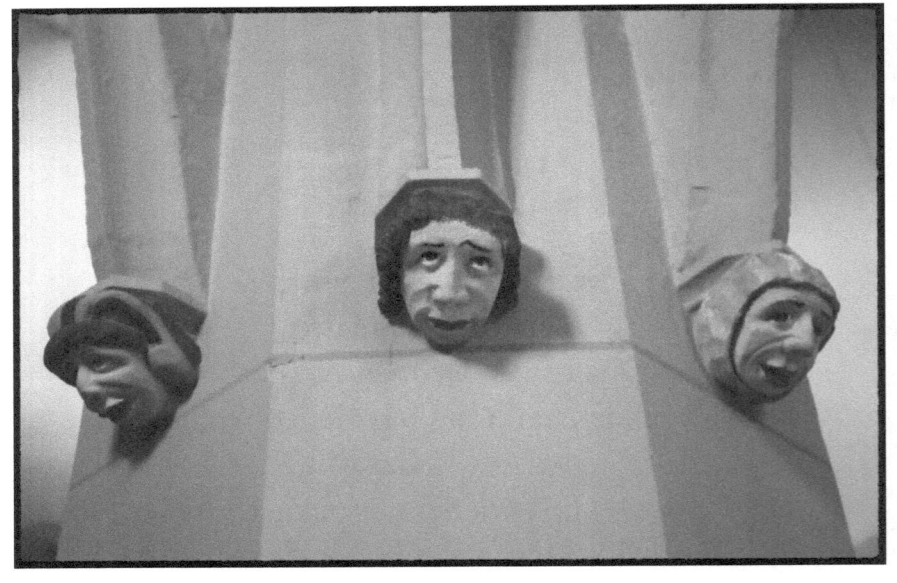

Eifersucht

Oh, mein Gott,
du bist so wunderbar bei mir!
Bist du bei Rudi
auch so?

Unprofessionell

Als seine Mutter ihn fragte,
ob er als Chirurg
denn einen guten Schnitt mache,
rutschte ihm
unwillkürlich
die Gabel aus.

Die Liebe des Astronomen

Sie war der hellste Stern
an seinem Himmel.
Doch was ihn
wirklich faszinierte,
waren schwarze Löcher.

Und so war es

Während er betete,
der Wille des Herrn möge geschehen,
kam ihm
der erschreckende Verdacht,
eben dies
sei die ganze Zeit über
bereits der Fall gewesen.

Nichts gewesen

Auf Anordnung des Konkursverwalters
führte Rudolf Schmidtke alle
seine Erlebnisse im Puff
an die Gläubiger
Ali Özcan und
Else Kurth
ab.

Anpreisung

Dieser Imbiss befinde sich
in traumhafter Schönlage
direkt am Strand,
wo täglich
Horden von
Wirtschaftsflüchtlingen
an Land gingen.

Katerstimmung

Ihre Stimme tat ihm weh,
so schön, so hell
war sie.
Er schlich jeden Morgen
nach der Kneipe
zu ihr hinauf,
und am letzten Morgen
klang sie
wie eine
Maus.

Disharmonie

Als der letzte Ton verklang
schaute sie lange
in seine Augen,
als suche sie
ein Echo.
Da erst
bemerkte sie
seine Verstimmung.

Während der Siegesfeier

Tief besorgt
legte die Pressesprecherin
den Hörer auf
und berichtete,
da habe sich
wohl jemand verwählt.

Ernüchterung

Als er vom Markt
nach Hause kam und
die weichen Tomaten
auf den Tisch legte,
wurde ihm klar, dass doch
der lautere Wettbewerb siegt.

Beim Betrachten einer Vergewaltigung

Sie standen fassungslos
am Fenster und dachten,
sie hätten sich wohl
im Programm geirrt.

Was meint sie nur?

Auf ihre überraschende Klage
sie halte seinen fragenden
Blick nicht mehr aus,
folgte ein langes,
seltsames Gespräch.

Verlorene Meisterschaft

Als sie ihm unverhofft
noch einmal ins Gesicht schaute
war sie plötzlich so enttäuscht
wie damals
vom SC Fortuna.

Umsonst

An jenem Tage aber,
als sie ihm eröffnete,
sie messe die Qualität seiner Liebe
nun wahrlich nicht
an der Quantität seines Spermas,
begann er die heimlich angelegten Vorräte
wieder zu vernichten.

Timing!

Er dachte,
es sei an der Zeit,
endlich vernünftig zu werden.
Tatsächlich aber war diese Zeit
schon ziemlich lange vorbei,
und dass er jetzt noch
vernünftig wurde, war
kompletter Unsinn.

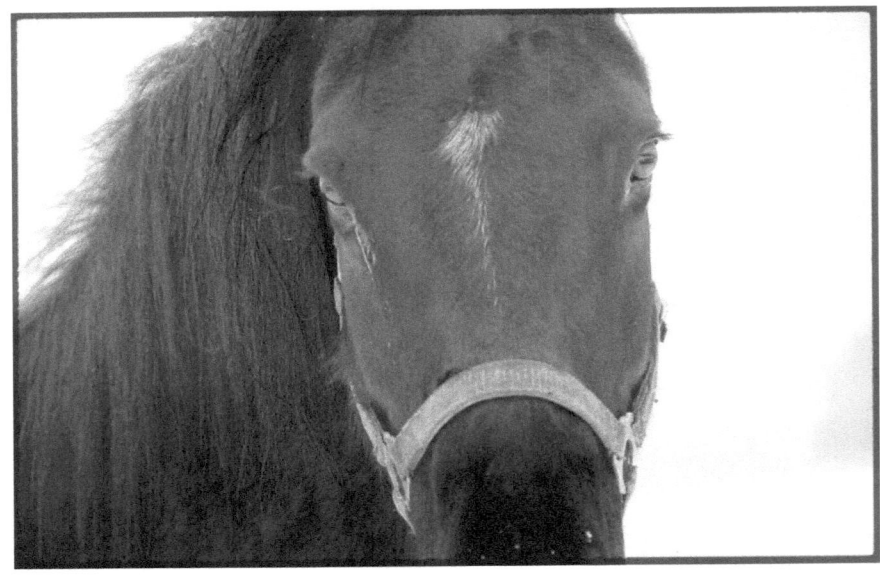

klar

Wenn er nur einen einzigen klaren
Gedanken fassen könnte,
würde alles ganz anders aussehen,
dachte er.
Tatsächlich war bereits dies
ein sehr klarer Gedanke.
Für einen weiteren
war keine Zeit.

Unreim

Sie sagte, er solle ihr mal
ein schönes Gedicht über
die Liebe schreiben.
Als er es gegen Ende seines Lebens
endlich fertiggestellt hatte,
kam sie damit raus,
dass sie aber
keine Reime mag.

Der Ober sagt nein

Wenn es aber nicht
die Kalbszunge sein konnte,
so überlegte er,
was war es dann,
das sich in seinem Mund
bewegte?

Wieder was gespart

Immer mehr Arbeitslose
erreichen nicht mehr
das Rentenalter.
Dies ist das positive Ergebnis
der jüngsten Gesundheitsreform.

Regierungserklärung

Die Renten sind sicher
nur eine Erfindung
der Opposition.

Sammlung Gau-Odernheim

Jedes neunte Kind
hat nicht genug zu spielen.
Darum sammelt
das engagierte Team
vom Wertstoffhof
Gau-Odernheim noch Senioren.

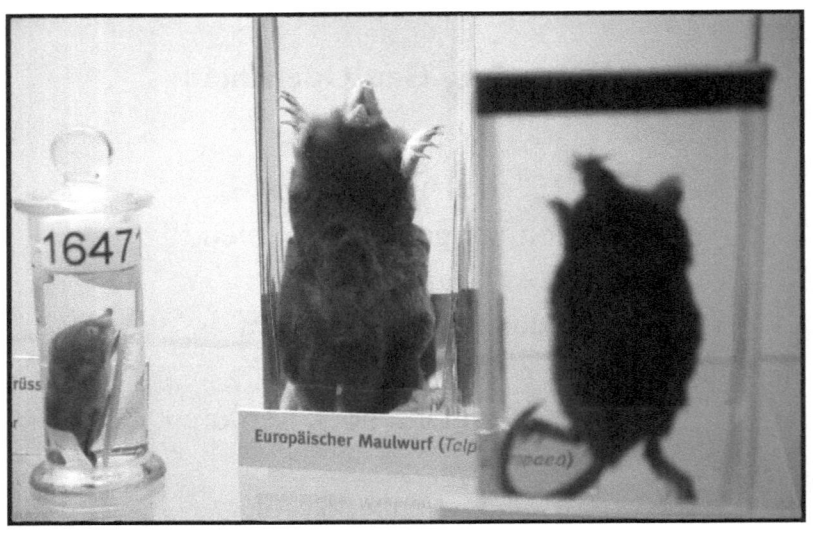

Europäischer Maulwurf (Talp... ...paea)

78

Prognose

Zwar nehme die
Lebensqualität des Menschen
immer weiter ab,
aber dafür werde
Sterben immer humaner.

Statistik

Im Kriegsfall käme jeder
fünfte Einwohner
irgendwann zu Tode,
was seltsam ist,
denn derselbe Einwohner
käme im Friedensfall
mit praktisch denselben Mitteln
zu Geld.

zuletzt gelacht

Aufgepasst,
hatte er noch gerufen,
er mache jetzt mal was.
Sein humorvolles Wesen
wird uns fehlen.

Zwei schlimme Verluste

Als sie nachmittags
durch die Rhein-Galerie
schlenderte,
traf sie auf eingeschweißte
Teile Rudis,
mit dem sie einst
so glücklich war.
Beim Versuch, ihn wieder
zusammenzusetzen,
verlor sie
den Überblick.

Pst!

Niemand wacht gerne auf,
wenn er erst einmal
entschlafen ist:
Das Auferstehen fällt so schwer.

Nachgehakt

Sie dachte,
er verstehe sie nicht,
doch tatsächlich
hatte er sie
schon zu seinen Lebzeiten
recht gut verstanden.

Tischgebet für Rudi

Mein Sohn,
erbrich dich nicht!
Auch du, Vater,
erbrich dich nicht!
Gott bewahre!
Ihr alle,
die ihr da seid,
erbrecht euch nicht!
Denn wenn ihr euch erbröchet,
wer weiß, wo Rudis
Seele bliebe!

Danke

Für das Haus!
Für den Fernseher!
Für den Computer!
Für das Auto!
Für die Hifi-Anlage!
Für das andere Auto!
Für den Kühlschrank!
Für die Rolex!
Für Bernds Auto!
Für alle Zeichen der Liebe!
Noch immer stehen wir ratlos vor dem Nicht-Begreifen-
Können,
dass für den Urlaub im Herbst nichts mehr da sein soll.

witwet und 100 cm groß. Biete Ihnen ein lie-
bevolles Zuhausegefühl + eventuell einen
zauberhaften Frühlingsspaziergang. Bin ein

Hypothese 3

Hätte es im April 1997
im Koblenzer Löhr-Center
nicht den Überraschungspreis
für das mehrfach sortierte Wurstpaket gegeben,
wäre sie schon damals
zum Sozialfall geworden.

Ausgesetzt

Als sie nach sechs Monaten
endlich oben auf dem Eiffelturm stand,
fehlte ihr die Kraft zu springen,
und sie dachte,
sie könne diesmal
ja einfach nur
die Aussicht genießen.

Hypothese 4

Wenn der Tod zu mir kommt,
dachte sie,
wird er an meinem Bett stehen,
und dann wird es ihm schon
leid tun.

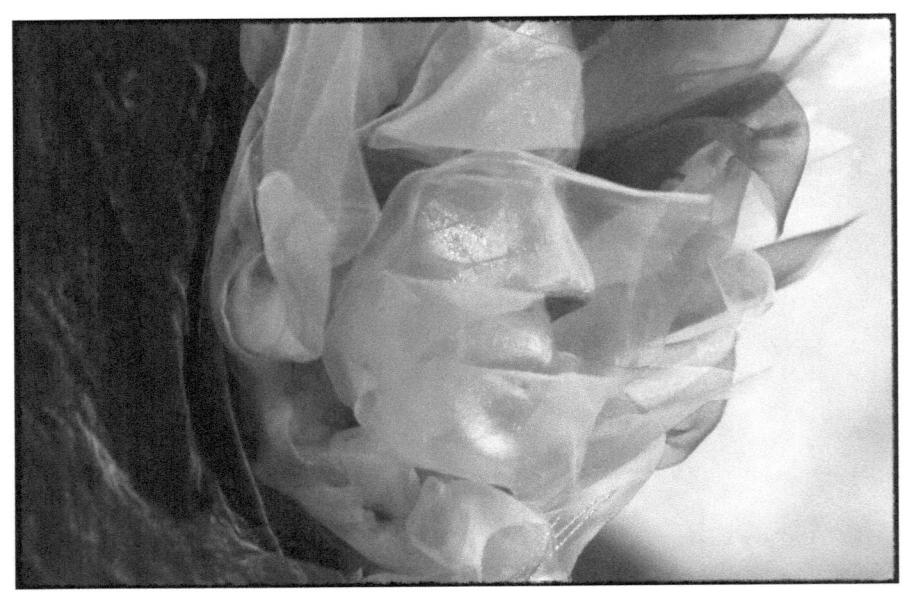

Heimkehr

Als sie
den Raum betrat
wehte ihr die Erinnerung
an Rudi entgegen
und sie dachte,
er habe sich
gar nicht verändert.

Zum Heulen

Tränensäcke
und Fältchen
sind kein Thema mehr.
Wir hätten damit
gar nicht erst anfangen sollen!

Was soll man sonst auch sagen?

Sie sei eine Wissende
in der Liebe,
eine gewaltige Kraft
des Geistes und des Herzens
habe sie erfahren
und genieße es
als kritisch-zärtliche Waage-Frau
nächtelang am offenen Kamin
von Rudi
zu plaudern.

Frohe Botschaft

Eine unbefleckte Empfängnis
sei es zwar nicht gewesen,
aber sie habe
fast alles
wieder rausgekriegt.

Verhalten

Während er die ersten Schritte machte,
stand sie am Fenster
und dachte verhalten
über ihren letzten nach.

Autorität

Das Problem
dabei ist:
Die Jungen wollen
nicht hören,
und die Alten
können nicht.

Am Ende der Geduld

Sie
sei es nun
end
gültig leid,
er
öffnete die Kinder
gärtnerin
den Ochtendunger
Kindern,
ein weiteres Wachstum
dieser Art
komme nicht mehr in Frage.

Negativer Trend

Immer mehr jugendliche Straftäter bekennen,
dass sie mit den von ihnen verübten Straftaten
leider immer weniger
zufrieden sind.

Hypothese 5

Besäße der Herrgott nur
ein kleines bisschen
gesunden Menschenverstand,
hätte er nicht behauptet,
der Mensch sei sein Ebenbild.

Hypothese 6

Hätte die Stadt Köln
mehr Geld,
stünde der Dom bereits
im Mediapark.

Hypothese 7

Hätte der 2. Weltkrieg
nicht stattgefunden,
wäre die Wiedervereinigung
nur halb so schön gewesen.

Hypothese 8

Hätte Jesus Christus
statt des Kreuzes
Rinderwahnsinn gehabt,
wäre die Fleischwerdung
so heute gar nicht mehr möglich.

Hypothese 9

Würde sie als
Stein wiedergeboren,
ließe sie sich
in seinen Nieren nieder.

Reinkarnation

Als er ihr erklärte,
es handle sich bei dem Keks
um den Leib Gottes,
glaubte sie plötzlich,
Rudi zu sehen.

Alles wird teurer

Das ewige Leben
gibt es nicht
zum Nulltarif.

Erinnerung

Als
Joseph
Haydn
komponierte ich 1785
„Die sieben letzten Worte unseres Erlösers"
am Kreuz.
Obgleich mir
das Werk
nicht völlig
gelang,
werde ich
diese Zeit
niemals
vergessen.

Nachwort

Die Texte dieser Sammlung sind um das Jahr 1996 entstanden und verfolgen denselben ästhetischen Grundgedanken, der dem Roman „Die Zeitflicker" zugrunde liegt. Tatsächlich ist die in „Unreim" gespiegelte Wirklichkeit sogar noch ein gutes Stück prosaischer als in „Die Zeitflikker", was einer gewissen Ironie nicht entbehrt.

Die Fotografien stammen aus den Jahren 2008 bis 2018 und standen ursprünglich in keinem Zusammenhang zu den Texten. Es erschien mir aber naheliegend, den Gedanken an eine Veröffentlichung nach fast einem Vierteljahrhundert an eine me-

diale Erweiterung des Projektes zu knüp-
fen. Bilder und Texte treten in einen Dia-
log, der das Spannungsverhältnis von
Text und Titel in „Unreim" erweitert.

Es hätte sicher gute Gründe gegeben,
„Unreim" auf ewig in der Schublade zu las-
sen und mich nicht mit dem Risiko dieser
Veröffentlichung zu belasten. Der wich-
tigste Grund wäre Bequemlichkeit, denn
bequemer wäre es wohl, nichts zu tun. Der
zweite Grund wäre Vorsicht, denn als
Mann gesetzten Alters Gedichte zu veröf-
fentlichen, birgt für manch einen sicherlich
ohnehin schon etwas Albernes, und diese
Gedichte zumal werden nicht nur Freunde
finden. Der eine wird sie zu böse finden,
der andere zu banal. Warum also habe ich

mich entschlossen, sie dennoch zu veröffentlichen, und warum auf diesem Weg?

Die Gründe sind im Großen und Ganzen dieselben wie bei „Die Zeitflicker": Eben weil sie banal und böse scheinen und beides in Wahrheit nicht sind. Ich habe selbst noch immer Freude an diesen Texten, und sie interpretieren die Welt auf eine Weise, die, meine ich, nach wie vor Gültigkeit besitzt. Ich glaube, dass sie den Lesern auch heute noch Spaß machen können, vielleicht sogar mehr noch als damals. Denn die Absurdität im echten Leben ist ja bei weitem nicht geringer geworden.

Sicher gibt es auch heute noch „mehrfach sortierte Wurstpakete" und weit schlimmere Monster. Sie verbergen sich überall

- nein, sie verbergen sich eigentlich gar nicht, doch peinlich berührt, sehen wir ihnen nicht ins Gesicht. Wir schauen beschämt zur Seite, leugnen unser Gefühl für die Monstrosität, das Falsche, Absurde im Alltag, kopieren es sogar. Die Welt ist selbst „unreim" geworden.

Fotos

Seite 6: Annonce
Seite 8: Heuschrecke in Rheinhessen
Seite 10: La Pointe de La Coubre, Charente Maritime
Seite 12: Le Phare de La Coubre, Charente Maritime
Seite 14: Pärchen auf einer Wiese
Seite 16: Marionette im PUK, Bad Kreuznach
Seite 18: Schild an einer Bretterwand, Charente Maritime
Seite 20: Buga Koblenz
Seite 22: Dorfkirche von Avy, Frankreich, Detail außen
Seite 24: Fastnachtsumzug in Rheinhessen
Seite 26: Juliette Gréco, Konzertauftritt 2010
Seite 28: verwelkte Rose
Seite 30: Zwerge im Spülbecken
Seite 32: Kruzifix (von meinem Großvater Karl Albert)
Seite 34: La Pointe de La Coubre, Charente Maritime
Seite 36: Narrenköpfe in der Burgkirche von Ingelheim
Seite 38: Marionetten im PUK, Bad Kreuznach
Seite 40: Kunstausstellung bei M. Kaminsky, Offenbach
Seite 42: Cova del beat Ramon Llull, Mallorca
Seite 44: Scheunendetail im Kreis Trier-Saarburg
Seite 46: Atlantikküste
Seite 48: Nina
Seite 50: Barockfest der Kreismusikschule Alzey
Seite 52: Bio-Handy
Seite 54: Theaterfestival in Avignon
Seite 56: Narrenköpfe in der Burgkirche von Ingelheim
Seite 58: Fastnachtsumzug in Rheinhessen
Seite 60: Frankreich gewinnt die Fußball-WM 2018
Seite 62: Kaktus auf Mallorca
Seite 64: Fastnachtsumzug in Rheinhessen
Seite 66: Pferd mit Dackelblick
Seite 68: Goethe fährt über den Rhein
Seite 70: unauthentisches Selbstporträt
Seite 72: Hauswandgraffiti, Charente Maritime
Seite 74: Aschenputtel-Aufführung der Bühnen Dautenheims
Seite 76: Fastnachtsumzug in Rheinhessen
Seite 78: Senckenberg-Museum Frankfurt am Main
Seite 80: Deutscher Soldatenfriedhof in den Nordvogesen
Seite 82: Senckenberg-Museum Frankfurt am Main
Seite 84: Metzgerei in Rheinland-Pfalz
Seite 86: Kloster St. Honorat, Mallorca
Seite 88: Madonna
Seite 90: Kloster St. Honorat, Mallorca
Seite 92: Grabmal in der Burgkirche von Ingelheim, Detail
Seite 94: Annonce
Seite 96: Figurine
Seite 98: Fastnachtsumzug in Rheinhessen
Seite 100: Fastnachtsumzug in Rheinhessen
Seite 102: Fastnachtsumzug in Rheinhessen
Seite 104: Gottesanbeterin
Seite 106: Straßenszene in Besançon
Seite 108: Straßenszene in Besançon
Seite 110: Marionette im PUK in Bad Kreuznach
Seite 112: Stillgelegte Bahntrasse im Brohltal
Seite 114: Tierköpfe im Hausflur, Frankreich
Seite 116: Holzköpfe von Frank Leske, Bad Kreuznach
Seite 118: Propstei Buchholz, Brohltal, Detail
Seite 120: Kohl-Puppe im PUK in Bad Kreuznach
Seite 122: Highlandrind in Rheinland-Pfalz
Seite 124: Waldohreule auf Scheunendach
Seite 128: Burgkirche in Ingelheim, Detail
Seite 130: Kruzifix in der Charente Maritime, Frankreich
Seite 132: Kruzifix im Trifelsland, Rheinland-Pfalz

Zeitfracht Medien GmbH
Ferdinand-Jühlke-Straße 7
99095 Erfurt, Deutschland
produktsicherheit@kolibri360.de